AF570004

Mojtaba Kolivand

Tagebuch des Regens

[Gedichte]

Bibliografische Information der Deutschen Nationalbibliothek: Die Deutsche Nationalbibliothek verzeichnet diese Publikation in der Deutschen Nationalbibliografie; detaillierte bibliografische Daten sind im Internet über dnb.dnb.de abrufbar.

Umschlagsfoto: Charles E Wakeford, ca. 1935

Gestaltung: Loris Busch

Verlag: BoD · Books on Demand GmbH,

Überseering 33, 22297 Hamburg, bod@bod.de

Druck: Libri Plureos GmbH,

Friedensallee 273, 22763 Hamburg

ISBN: 978-3-8192-2861-2

MIX
Papier aus verantwortungsvollen Quellen
Paper from responsible sources
FSC® C105338

Es muss von Herzen kommen,
was auf Herzen wirken will.
- Goethe

Vieles würde ich heute vielleicht nicht schreiben,
weil ich es nicht mehr glaube, aber ich würde es nicht ändern,
weil ich es damals geglaubt habe.
- Jorge Amado

Reise des Regens

Stell dich mitten in den Regen,
glaub an seinen Tropfensegen
spinn dich in das Rauschen ein
und versuche gut zu sein!
- Wolfgang Borchert

Regen ist in der deutschen Literatur und vor allem in der Lyrik - wie sicherlich auch in anderen Sprachen - ein sehr häufig auftretendes Motiv. Auch in der persischen Literatur ist der Regen eines der am häufigsten angewandten Bilder, umso mehr, wenn man die unterschiedlichen klimatischen Bedingungen, insbesondere die Trockenheit und Existenz von Wüsten zwischen Orient und Okzident in Betracht zieht. Es ist auch nicht verwunderlich, dass viele Eltern im Orient ihre Kinder ‚Baran' (= Regen) nennen, weil es ein großer Segen ist, wenn Regen die rauen

Naturlandschaften und die Seelen ihrer Bewohner erfrischt und gleichsam zum Leben erweckt.

***

Im Vorwort des ersten Gedichtbandes „Stenografie der Liebe“ habe ich die Frage gestellt, ob wir heute überhaupt Gedichte und im engeren Sinne Liebesgedichte weiterhin brauchen? Ich versuchte, einige Antworten darauf zu finden, und deshalb war das Hauptmotiv des Bandes die menschliche Liebe in all ihren Facetten.

Die Gedichte im vorliegenden Band mit dem Titel „Tagebuch des Regens“ aber möchten den Leser zu einer Art Reise, sozusagen als Gedankenreise, inspirieren.

Gute Literatur und insbesondere Dichtung will uns immer auf eine Reise mitnehmen, um vielleicht noch unentdeckte Landschaften und Gefühle in uns selbst zu entdecken oder genauer kennenzulernen, denn Hauptmotive und immer wiederkehrende Metaphern der Dichtung sind Liebe, Naturbeschreibung und Leidenschaft.

Das Schicksal des Regens oder eines Regentropfens kann man als unendliche Reise bezeichnen, die vom Himmel zur Erde und von der Erde zum Himmel verläuft in einem Kreislauf, der in der Natur und in den Lebensräumen Leben spendet.

Erneuerung oder besser gesagt Wiedergeburt der Natur ist das, was wir mit Regen in Verbindung bringen. Was wäre, wenn der Regen jedes Mal während dieser langen und abenteuerlichen Reise ein Tagebuch führen würde?

Ich habe versucht, einige Seiten eines solchen Tagebuches mit sichtbarer Tinte hier niederzuschreiben als eine Antwort auf die oben aufgeworfene Frage, ob wir heute und künftig noch Gedichte und im engeren Sinne Liebesgedichte brauchen.

Mojtaba Kolivand

Berlin, 28. Dezember 2024

TAGEBUCH DES REGENS I.

Die Kehle des singenden Vogels
ward trocken

die Regentropfen
verfehlten ihr Ziel.

LIEBE

Liebe
das Einfache,
„das schwer zu machen ist.“

LEBEN

Leben
das Schwierige,
das leicht zu nehmen scheint.

HOFFNUNG HABEN

Hoffnung auf
ein Wiedersehen mit dir
lässt mich tanzend durch den Tag gehen

wie die Morgenbrise, die
die Rose am Zweig tänzeln lässt.

MONDSCHEIN IN DER NACHT

Wenn in der Nacht
mein Herz bedrückt ist

trete ich
auf den Balkon

der Mond am Himmel
lächelt mir zu.

Und tief im Labyrinth meiner Gedanken
empfinde ich solch eine Freude,
die ich nicht beschreiben kann.

Beethoven über Bach:

Nicht Bach - Meer soll er heißen!

BACH-KANTATE - WASSERFALL DER MELODIEN

I.

Töne und Worte
Worte und Töne

wechseln sich im Spiegel der messbaren Zeit

zwischendrin auch Stille,
die der Musik ihre besondere Note verleiht.

Die Stimme bleibt.

II.

Nicht Töne
nicht Worte

oft ist es die Stille
zwischen zwei Worten und Tönen,
die uns berührt

in der Hoffnung, dass alle Bäche
ins Meer münden

und alle Worte und Töne
ihr Gehör finden.

SEHNSUCHT NACH EINER FRIEDLICHEREN WELT

Ich erwarte
nicht, dass wir uns lieben

es würde auch reichen,
wenn wir uns nicht hassen.

Dadurch wird
die Welt vielleicht etwas friedlicher
- vielleicht.

NACHT OHNE MONDSCHEIN

Meine Nacht
ist schwärzer als schwarz

ohne dich, mein Mond.

ÄSTHETIK DER HOFFNUNG

Wie schön
die Welt sein kann

Leuchten der Hoffnung
in den Augen der Kinder.

FERN VON DIR

Mündliche Küsse

gefallen mir
am besten.

ZWEI WEIßE TAUBEN

In deiner Brust
hausen zwei weiße Tauben,
die ein Leben lang
- im Takt ein- und ausatmend -
nach Freiheit flattern.

EIN FUNKE HOFFNUNG

Liebe bedeutet
Hoffnung haben im Leben

Hoffnung selbst ist
ein Funke in der dunkelsten Ecke der Dunkelheit

oft im Leben reicht uns
ein Funke Hoffnung.

JEDEN TAG EINE SCHWERE ENTSCHEIDUNG TREFFEN

Jeder neue Tag
beginnt mit der Frage:
Willst du in die Hölle
hinabsteigen

oder in den Himmel
hinauf?

Mensch zu sein und Mensch zu bleiben
ist oft nicht leicht.

Wer trüge Lebenslast und seine Leere,
wenn nicht der kurze Traum der Liebe wäre?
- Friedrich Meyer

ZUFLUCHT - EINE EINFACHE FRAGE

Wo gibt es
auf dieser großen weiten Welt
einen besseren Zufluchtsort
als in der Liebe?

MIT BLICKEN FEUER ENTFACHEN

Deine Augen
sprühen Funken
Funken der Liebe.

Du kannst gut Feuer entfachen.

TAGEBUCH DES REGENS II.

Hoffentlich endet
die Reise des Regens

im Kelch der Blumen.

ALTES KIND IN UNS

Wie zwei verträumte Kinder
laufen wir friedlich übers Feld.

Wir handeln mit Küssen
und tauschen Klatschmohn gegen Kornblume.

MUTIG SEIN

Im Traum
durch den Park gehend
sah ich ein Schild
darauf stand:
Man darf lieben.

WEITERKÄMPFEN

Unser Kampf
auf dieser Welt
ist oft so aussichtslos
wie unsere Liebe.

Trotzdem möchte ich
weiterkämpfen.

Um eine bessere Welt zu schaffen,
zogen wir einst zum Kampf hinaus,
furchtlos, tollkühn und ohne Waffen.
Geschlagen zogen wir nach Haus.
- Hannes Wader

MIT LEEREN HÄNDEN DIE WELT VERÄNDERN

Morgens bei Sonnenaufgang
tauchen wir optimistisch
in den Tag hinein,
um zu verändern,
was zu verändern notwendig ist

Abends
nach Sonnenuntergang
kehren wir oft
mit leeren Händen
- geschlagen und pessimistisch darüber,
ob die Welt zu verändern wäre -
zurück nach Haus.

AQUARELL DER LIEBE I.

Das Kornblumenblau
am Wegesrand
will mit dem Blau deiner Augen wetteifern

die Blume bleibt verzagt
am Wegesrand zurück.

DAS SPIEL IST AUS

Ich will dich
ich will dich nicht

Du willst mich
du willst mich nicht

Das Spiel ist aus.

Unsere Klatschmohnblume
hat keine Blätter mehr.

ABENDSTIMMUNG

Der Mond klettert
den Himmel hoch

der Mond klettert
den Himmel herunter

Du bist nicht gekommen
Die Hütte im Wald ist noch verlassener als sonst.

AM UFER

Unter den Birken
am Ufer
schaukelt sanft und verträumt
der leere Kahn

Der leere Kahn träumt noch sehnsüchtig
von unserer Zweisamkeit
am Abend zuvor.

AQUARELL DER LIEBE II.
- NACH EINEM SOMMERREGEN

Deine Augen
kornblumenblau

dein Mund
klatschmohnrot

dein Lächeln?

Ein Regenbogen,
der viel zu selten
nach einem Sommerregen
den Himmel streift.

Wenn die Zedern in Flammen stehen,
was sollen dann die kleinen Moose tun?
- Talmudische Weisheit

ACHTSAMKEIT

Im dichten Wald,
wo die Bäume
ihre betenden Hände
in den Himmel strecken:

Wer nimmt Rücksicht
auf Grashalme?

LIEBER MÜNDLICH ALS SCHRIFTLICH

Mir ist es lieber, dich
mündlich zu küssen

anstatt dir gelegentlich
Liebesbriefe zu schreiben.

HERAUSFORDERUNG

Tief im dunklen Wald,
wo die Einsamkeit
Dimensionen annimmt,
die nicht messbar sind

fordert das Glühwürmchen
den Mond
zum Kampfe heraus.

FLÜGELLOS

Du bist fern
von mir

Ich bin fern
von dir

mir fehlen nur
zwei Flügel.

TAGEBUCH DES REGENS III.

Mutter Erde,
ich will
immer wieder
zu dir zurückkehren

in die Adern der Flüsse.

VERLANGEN

Das Leben
heißt eigentlich:

die Länge zwischen
Ein- und Ausatmen

Der Rest ist
Verlangen nach dir.

AUFERSTEHUNG

Abends
mit einem Kuss
sterben

und morgens
mit einem Kuss
auferstehen

Leben und Tod
gehen im Leben oft
Hand in Hand.

TOD DER DICHTER
ODER GÄHNENDE LEERE DER FEUILLETONS

All die Dichter
sind gestorben
Bertolt Brecht
Else Lasker-Schüler
Ingeborg Bachmann
Paul Celan
Hilde Domin
Rose Ausländer
...

- es scheint -
mit ihnen ist auch
die Dichtung gestorben

in den Feuilletons der Zeitungen
ist gähnende Leere.

NACH EINEM SOMMERREGEN

Lass uns nach einem Sommerregen
den Regenbogen umdrehen
und uns damit
bis zum Firmament hochschaukeln.

DIE DEFINITION DER LIEBE

Ich komme
dir entgegen

Du kommst
mir entgegen

wir treffen uns
auf halbem Wege

das nennt man Liebe

auch dann,
wenn diese Definition
nicht im Duden steht.

LIEBE IN KEILSCHRIFT IV.

So entstand
die erste Schrift
- Keilschrift -

nicht ohne Grund
ohne Punkt und Komma.

FRAGE UND ANTWORT

Du sagtest:

Liebe

- *Was ist Liebe?*

Du sagtest:

Leben

- *Was ist Leben?*

Leben ohne Liebe soll es nicht geben.

SEHNLICHSTER WUNSCH

Ich mach’ meine Augen zu
und wünsch‘ mir etwas

Ich schlag’ sie wieder auf
und schon stehst du da!

5. SINFONIE - SCHICKSALSSINFONIE

Beethoven
schloss die Augen
und spürte mit seinen Händen
nur noch das Rascheln des Notenpapiers

Die Stimme bleibt.

Für
Margot Friedländer
und ihr Familienschicksal

MÖRDER UNTER UNS

Die Toten
sind vergessen

Die Mörder unter uns
haben sich
neue Namen zugelegt

Die Ermordeten
schreien immer noch
nach ihren Mördern

Die Mörder unter uns
gehen wie gewohnt
am Sonntagnachmittag spazieren.

NOTRUF

Auge um Auge
- *Augenarzt*

Zahn um Zahn
- *Zahnarzt*

Lippe um Lippe
Gebrochenes Herz.

Erinnerung an die
fehlenden Bücher im Regal

NEUNZEHNHUNDERTDREIUNDDREISSIG

1933
wurden Bücher verbrannt

Die Erinnerungen
ausgelöscht

Die Mörder
führen minuziös Tagebuch

Die Dichter
sind verbannt

Die Mörder laufen frei
im Land herum.

DIE SIEBEN FRAGEWÖRTER DER LIEBE

Was ist Liebe?

Wo trifft man sie?

Warum verlieben wir uns?

Wann lacht sie uns an?

Wozu ist sie gut?

Wer ist empfänglich für die Liebe,
wer nicht?

Und vor allem:
Wen trifft sie wie ein Blitzschlag?

TAGEBUCH DES REGENS IV.

Auf dem weiten Weg
von der Brust der weißen Wolke
bis zur schmutzigen Erde

schrieb ich
unaufhörlich
mein trauriges Lied
an dein Fenster.

LIEBESSPIELWETTE

Falls ich gewinne,
bekomme ich einen Kuss?

wenn ich verliere,
dann zwei -

einen als Trost.

KONJUGATION DER LIEBE

Du liebst
Ich liebe

Wir leben.

HOFFNUNGSLOS HOFFNUNGSVOLL

Was gestern war
ist heute noch gültig

und es wird auch morgen gültig sein:
die Hoffnung möge niemals sterben.

GRAMMATIK DER LIEBE

Das Verb sein
ist ein starkes Verb

das Verb lieben ist stärker.

HOFFNUNGSVOLL HOFFNUNGSLOS

Ich bin hoffnungsvoll
dich zu sehen

Ich bin hoffnungslos
dich zu sehen

Ich kann nicht sagen,
welches Gefühl überwiegt.

AUFBRUCH

Zwei Herzen
Hand in Hand

der Sonne entgegen.

AM ENDE DER WELT

Neben dir
stehe ich

am hintersten Winkel der Welt.

WUNSCH

In deiner Brust
nisten zwei weiße Tauben

zu ihnen zu fliegen
ist meine Sehnsucht.

TAG UND NACHT

Du bist
die Sonne

ich bin
der Mond

Wir teilen uns
Tag und Nacht

und definieren die Grenze
zwischen Licht und Dunkelheit.

Der Mensch lebt nur von seinen Erinnerungen

- Ehsan Tabari

ERINNERUNGEN

Das Leben ist
nichts als Erinnerung

du bist immer bei mir
ich bin immer bei dir.

SONNENSTRAHL

Du bist
meine Sonne

du strahlst so schön.

DAS BLAUE MEER DEINER AUGEN

Das Meer ist blau
der Himmel ist blau

blau sind deine Augen

In ihnen verweile ich gerne.

VORWURF I.

Ich bin neidisch
auf dich

schließlich kannst du noch mehr lieben
als ich.

VERLUST - ENTFREMDUNG

Mit jedem Atemzug
entfremden wir uns

bis wir uns für immer
aus den Augen verlieren.

VEREINT

Du bist du

Ich bin ich

vereint in ständiger
Selbsttäuschung.

EIN VOGEL AUF EINEM GEIGENBAUM
- STRADIVARIS MELANCHOLIE

Es war ein Baum
und ein Vogel

Es war ein Vogel
und ein Ton

Es war ein Ton
und eine Melodie

die in keinen Geigenkorpus passte.

Der Riss der Welt
geht auch durch mich.
- Rainer Maria Rilke

HIN UND HER GERISSEN

Ich weiß nicht,
woher ich komme

Ich weiß nicht,
wohin ich gehe

Ich weiß nicht,
ob ich bleibe oder gehe

Es geht einfach
ein Riss durch mich.

gewidmet
Brigitte Behzadi & allen anderen,
die einen geliebten Menschen
gewaltsam verloren haben.

TAGEBUCH DES REGENS V.
PEGEL DER TRAURIGKEIT

Ich beginne zu schreiben
mit unsichtbarer Tinte
den sehnlichsten Wunsch,

auf dieser langen Reise
vom trüben Himmel
bis zur traurigen Erde
auf deinen Wangen zu landen

um dir beim Weinen
in den dunkelsten Stunden
Trost zu spenden.

La Gioconda

Bis der Spiegel
dein zartes Lächeln
wiedergibt

werden Jahre
vergehen.

ERREGUNG

In der dunklen Nacht
erleuchten Glühwürmchen
den Pfad

In der Sehnsucht fiebert
die Lust
auf ein Wiedersehen.

Beim Betrachten des Gemäldes
‚Landschaft mit dem Sturz des Ikarus'

IKARUS' STURZFLUG

Bruegel ließ Ikarus
vom Firmament ins Meer stürzen

Kaum wahrnehmbar
Das ist die Kunst des Sturzes

Seitdem spricht man vom Sturzflug

Das ist ein Tod
ohne Bestürzung.

SCHAUDERN

Gestern Nacht
- wie immer -
hatte ich
Albträume

schreckliche Albträume

Die Pappeln
zittern noch immer am Wegesrand.

TAG UND NACHT II.

Du bist die Nacht
ich bin der Tag

in ständiger Verfolgung
Tag und Nacht.

VERTRIEBEN
- SICH EINMISCHEN

Ich bin geflüchtet
ohne etwas verbrochen zu haben

nur
weil ich anderes dachte und sagte

nun erwartet ihr
dass ich hier
nicht denke und schweige?

HOCHZEIT DER SPATZEN
- IM SCHATTEN DER BÄUME

Wenn die Trauerweide
die lange Nacht durch
ihre Tränen in den Fluss gießt
steigt der Pegel der Traurigkeit

Wenn die Trauerweide
am Morgen
ihr Haar kämmt

Lächeln die Knospen der Kirschbäume
und die geschwätzigen Spatzen
feiern Hochzeit.

BITTERSÜßE ERINNERUNGEN

Manchmal sind
die Erinnerungen bitter

manchmal sind
die Erinnerungen süß

Meine Erinnerungen an dich
sind immer bittersüß.

LEBENSERFAHRUNG
- GERECHTIGKEIT II.

Oft ist es so:
Wenn die Wahrheit zu spät kommt,
ist sie nutzlos

trotzdem brauchen wir Wahrheit,
denn Wahrheit ist ein Teil der Gerechtigkeit.

EIN SÜßER TRAUM

Die Sonne steht
am Himmel mittagshoch

über die Lichtung
läuft kokettierend ein zartes Reh

Es schnüffelt an den zartesten Trieben
und tut sich schwer mit der Auswahl

Auf dem Hochsitz
hält der Jäger in Grün
sein Mittagsschläfchen.

UNENDLICHE TRAURIGKEIT

Eines nachts
Als sie das Fenster öffnete
strömte all ihre Traurigkeit bis zur Milchstraße.

Meinen Eltern,
die ihr ganzes Leben lang vergeblich
auf die Rückkehr ihres spurlos verschwundenen
ältesten Sohnes gewartet haben.

WARTEN EINES ABENDS - WIDER ERWARTEN

Eines Abends
während meine Mutter
wie jedes Jahr immer
- zum Gedenken -
eine Kerze am Fenster anzündete

klopfte es wider Erwarten
an der Tür

es war nur der Wind.

EINES TAGES

Ein Vogel
betrachtete sich
im Spiegel des Wassers
und erkannte den verlorenen Partner in sich selbst.

ÜBERSETZUNG GANZ GENAU

Liebe heißt:
ich habe Sehnsucht
nach dir

Sehnsucht heißt:
gerade jetzt bei dir zu sein

Hoffnung heißt:
Leben und Liebe zugleich.

GLEICHNIS III.
- GLEICHHEIT DER UNGLEICHHEIT

Sklaven und Sklavenhalter
sind gleich

Folterer und Gefolterter
sind gleich

sie atmen
dieselbe Luft
in einer ungerechten Welt.

WEDER NOCH
- LIEBE WEIT ENTFERNT IV.

Von mir
bis zu dir

ist es leider
weder ein Steinwurf
noch ein Katzensprung

sondern ein Lichtjahr.

ERKENNTNIS DER FARBEN I.
GELB UND ROT

Meine Rosen
sind gelb

rote Rosen
waren vergriffen

heute versuche ich
mein Liebesglück
mit gelben Rosen

in der Hoffnung
deinen Rosenmund
zu küssen.

SOMMERSPROSSEN

ich habe
die Wette verloren

ich müsste dich
jetzt küssen

so viele Male,
wie du Sommersprossen hast

dafür aber
wäre die Nacht zu kurz.

Moral des Gedichts: Du weißt, ich verliere in solchen Sachen zu gern.

BEICHTE II.

Oh Herr,
ich habe wieder gesündigt

ich habe mich
erneut verliebt.

Moral des Gedichts: Ich sündige zu gern.

TAGEBUCH DES REGENS VI.
ABEND- UND MORGENGEBET

Auf dem ersten und dem letzten grünen Blatt
des Tagebuchs
steht stets dasselbe Gebet:

Regne,
du reine weiße Wolke

und erfrische
den staubigen Garten
meiner Liebe.

WETTE II.

Wir beide haben
um dieselbe Wette gewettet:
um Küsse

mir ist völlig gleich,
ob ich gewinne oder verliere.

Moral des Gedichts: Ich bin auch ein guter Verlierer.

CHRISTOPH KOLUMBUS
- AUFBRUCH ZU NEUEN UFERN

Es war im Jahr 1500,
Christoph Kolumbus
ging zur Beichte:

Oh Herr,
ich habe erneut gesündigt:

Ich bin zu neuen Ufern
aufgebrochen.

BLASPHEMIE III.

Hochwürden
predigte von der Kanzel herab:
alle Menschen
- auch Sklaven und Sklavenhalter -
sind Brüder

seine langweilige und monotone Stimme
hallte durch die kalte Kirche

aber wie immer
waren die Sklavenhalter taub.

SÜNDE I.

In deiner Brust
sind zwei Orangen

lass mich deine Sonne sein
und ihnen beim Reifen
zuschauen.

EINFACHE SPRACHE DER LIEBE

Für die Liebe
sollten wir eine neue Sprache erfinden
eine einfachere Sprache.

Einen Namen habe ich schon:
Esperanto der Liebe.

HERZLOS

Dein Herz
ist wie ein Kompass
ohne Nadel

mein Herz
ist wie der Nordpol
ohne Magnetfeld.

Moral des Gedichts: Wie sollen wir uns je finden.

DAS VISUM DES HERZENS
- REISE ZU DIR

Zwischen dir
und mir

fehlt nur noch ein Blatt Papier.

UNÜBERBRÜCKBARE DISTANZ

Zwischen dir
und mir

liegt ein offenes Meer.

ÄQUATOR DER HERZEN

Du
kaltes Herz
- Nordpol

Ich
kaltes Herz
- Südpol

Werden wir uns jemals
am Äquator treffen?

KALTES HERZ II.

- ANTARKTIS DES HERZENS

Von Ort
zu Ort

von Wort
zu Wort

von Herz
zu Herz

liegt eine unüberbrückbare Entfernung,
so lang wie zwischen
Nordpol und Südpol.

UNERMESSLICHE TRAURIGKEIT

Die einsame Trauerweide
am Bach

kämmt unaufhörlich
- durch die Regennacht -
das Wasser aus ihren Haaren

bis die nächste Ortschaft
überflutet ist.

Wer sich selbst und andere kennt,
Wird auch hier erkennen:
Orient und Okzident
Sind nicht mehr zu trennen
Und mag die ganze Welt versinken,
Hafis, mit dir, mit dir allein
Will ich wetteifern! Lust und Pein
Sei uns, den Zwillingen, gemein!
Wie du zu lieben und zu trinken,
Das soll mein Stolz, mein Leben sein.
- Goethe über Hafez

GOETHE UND HAFEZ
ZWILLINGSBRÜDER DES HERZENS

Goethe und Hafez
waren Zwillingsbrüder

hier sind
- als Beweis -
die Geburtsdaten:
Goethe, geboren im 18. Jahrhundert in Frankfurt am Main
Hafez, geboren im 14. Jahrhundert in Schiraz am Wein

wie könnte das trotzdem sein?

HEIMATLOS

Ich bin ein Kind
des Ostens
des Westens
des Nordens
des Südens

ich bin überall
zu Haus
und doch irgendwie heimatlos.

NAH UND FERN ZUGLEICH II.
- ENTFREMDUNG

Du und ich
selbst im selben Spiegel
nah und fern

Gedanken ohne Gespräche
Gespräche ohne Gedanken.

MAUER DES SCHWEIGENS

Von dir
bis zu mir
wäre es nur ein Steinwurf

wenn die Mauer
des Schweigens nicht wäre.

TAGEBUCH DES REGENS VII.

Mit unzähligen durchsichtigen Fingern
spiele ich eine neue Partitur
auf der Klaviatur der Dächer der grauen Stadt

Ergreifend fangen gleichzeitig
alle Fenster der verlassenen Häuser an
zu weinen.

BEI FREUNDEN

Der Rotwein
ist alle

der Weißwein
auch

ich gehe nüchtern
nach Haus
durch die dunkle Nacht

nur berauscht
von der nächtlichen Unterhaltung bei Freunden.

TROTZDEM NÜCHTERN

Ich mach' mich
nüchtern auf dem Weg
nach Haus

durch die dunkle Nacht

nur etwas betrunken von deinen Worten
deshalb stolpere ich des öfteren
über deinen Gedankenansatz.

ZERSTÖRERISCHE KRAFT DER LIEBE

Die Nachtigall
im grünen Baum

schreibt ihr Lied
auf den samtschwarzen Vorhang der Nacht

so lockt sie die Liebe an

die Töne facettenreich:
trillernd, hoch und tief, fröhlich und traurig zugleich

bis die Melodie abrupt abbricht

Die Liebe hat
ihren zerstörerischen Lauf schon begonnen.

VERZWEIFLUNG

Wenn ich an dich denke
lacht dein Spiegelbild vor mir

mit dir sind die Nächte kurz
ohne dich dauern sie eine Ewigkeit.

HARMONIE DER SINNE

Dein Lachen
deine Stimme

betörend wie Musik.

Solange es Folterer gibt,
wird es auch Gefolterte geben.

FEIERABEND DES FOLTERERS - SCHICHTARBEIT

Die schicke teure Armbanduhr des Folterers
zeigt gleich 17:00 Uhr
er hat gleich Feierabend

er lächelt unmerklich
und schlägt
ein letztes Mal zu.

der Folterer foltert
heute etwas weniger roh
seine Frau feiert heute Geburtstag

wer gefoltert wird,
hat keinen Feierabend

hier wird schließlich
- präzise wie ein Schweizer Uhrwerk -
in Schichten gearbeitet.

IRRWEGE

Von dir
bis zu mir

von mir
bis zu dir

führen alle Wege
in die Irre.

HERBSTWIND

Blatt für Blatt
Wort für Wort

alles fliegt
durch den Wind des Herbstes fort.

SCHEITERN IM LEBEN II.

Die Null steht
für die Summe
meiner Taten

die Null
vor dem Komma
meine ich.

BUCHHALTUNG DER SKLAVENHÄNDLER

Die Null
ist nichts

ohne Null
sind all die Zahlen
nichts

ich frage mich nur,
wie kamen all die Sklavenhändler
jahrhundertelang
mit römischen Zahlen aus?

STEIN DER WEISHEIT

Berge
habe ich versetzt

siehst du nicht meine blutigen Hände?

Den Stein der Weisheit
habe ich nicht gefunden.

VERGEBENS III. - VERGEBLICHE MÜHE

Ich bin wie
Sisyphus

tagein, tagaus
drehe ich jeden Stein um
bis zum Berggipfel
- vergebens -

KINDISCHE NAIVITÄT

Heute hörte ich:
- als Vorwurf -
ich wäre ein Kind

ich hatte lange
kein so schönes Kompliment gehört.

UNENDLICHE ZAHLEN

Von all den unendlichen
Zahlen

kenne ich
die Null am besten:

Null Grad,
          Null auf dem Konto,
                    Null Hoffnung.

LIEBE - GLÜCKLICH BIS ZUM ABEND

Morgens flüsterte sie
mir etwas ins Ohr

mein Glück müsste
bis zum Abend reichen.

SPRACHE DER LIEBE IV.

Für die Analphabeten
unter uns
müssen wir eine neue Sprache
für die Liebe erfinden

eine einfachere Sprache der Liebe:
leichter
            zarter
                        zärtlicher
                                    sinnlicher

eben eine einfache Sprache
ohne Punkt und Komma
ohne Wenn und Aber.

MUSIK VERSTEHEN

Die Musik
- genauso wie die Liebe -
ist nicht zum Verstehen da

sie ist im Leben nur zum Beglücken da.

TAGEBUCH DES REGENS VIII.

Ich schreibe
mit unsichtbarer Tinte
auf jedes grüne Blatt

und flüstere flehend
ins Ohr der winzigen Zellen des Chlorophylls:

sie mögen nur
Richtung Sonne streben.

EROTIK DES GEDANKENS

Mit jedem Atemzug
reifen deine Granatäpfel

im Garten deines Blumenkleides.

GESANG DER KLEINEN NACHTIGALL

In der Musik
verbirgt sich das Geheimnis
hinter jeder Melodie:

Das Geheimnis
eines einfachen Tones
im Labyrinth der zarten Kehle einer Nachtigall.

SCHWARZER MONTAG

Der DAX
ist heute
schon wieder im Keller

in der Metro
sitzen die Leute und schauen
noch grimmiger als sonst.

WELTSPRACHE

Die Liebe
ist die einzige Sprache

die überall verstanden wird.

ES IST AUS - NUR NOCH SCHWEIGEN

Zwischen dir
und mir
ist es aus:

ohne Lachen,
ohne Gedanken,
ohne Gespräche

es herrscht
nur noch Schweigen.

SPIEL MIT ERWARTUNG

Einen Kuss
für dich

zwei Küsse
für mich

sonst bin ich traurig wie ein Kind.

FÜNF LETTERN GENÜGEN

Ein Wort genügt

zwei Silben genügen

fünf Lettern genügen

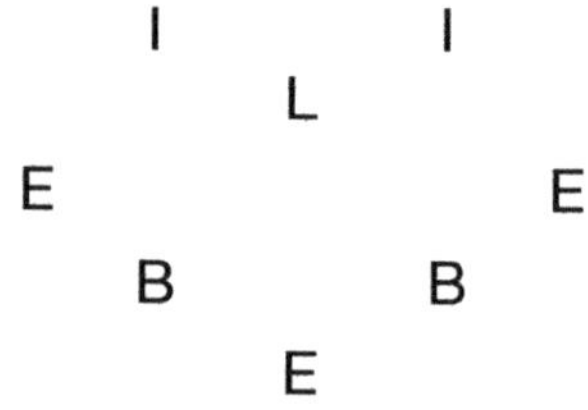

SPIEL DER WELLEN

Die Wellen des Meers küssen unermüdlich
die Lippen des Strandes

Du bist das Meer
Ich bin der Strand.

FRÜHLINGSANFANG

Grün sind die Blätter des Feigenbaumes
im Frühling

grün ist unsere Hoffnung

Wann wird es Frühling in Frieden sein?

GEDANKENSPIELE

Du bist ich
ich bin du

wer kann mehr lieben als du?

ERKENNTNIS DER FARBEN II.
SCHWARZ IST DIE TRAUER

Die Nächte sind pechschwarz
die Tage grau
der See ist tief und dunkel
der Wald ist dunkel und schwarz

die Stimmung der schwarz gekleideten Trauergäste
ist unendlich tief bedrückend
am Grabesrand.

AUFBRUCH ZU DIR

Wenn der Tag kommt,
dann breche ich auf zu dir

wenn das Frühjahr vor der Tür steht,
dann grabe ich den Garten um

wenn…, wenn

wir sind Meister in Selbsttäuschung und Aufschieben.

ORGANSPENDE UNTER DEN LIEBENDEN

Ich habe ein Herz
das schenke ich dir.

dafür will ich deins haben.

geh damit etwas behutsamer um
meins ist zerbrechlicher.

DAS LEBEN

Von morgens
bis abends

von abends
bis morgens

suchen wir immer nur
nach Lösungen

Lösungen für's Leben.

LEBEN UNTERM DAMOKLESSCHWERT

Über unserem Leben
unserer Liebe
unserer Hoffnung

hängt das Damoklesschwert
an einem feinen seidenen Faden

mögen Leben, Liebe und Hoffnung niemals sterben.

Werdet ihr wie Kinder!
- Biblische Weisheit

LEICHTIGKEIT DES LEBENS

Seitdem wir eines Tages
plötzlich erwachsen geworden sind
haben wir
die Leichtigkeit des Lebens verloren

und seitdem suchen wir vergeblich
das verlorene Kind in uns.

Auf den Spuren der weißen Wolke
im Gedicht „Erinnerungen an die Marie A.“
von Bertolt Brecht

TAGEBUCH DES REGENS IX.
ERINNERUNGEN AN DIE LIEBE

I.

Die weiße Wolke
im blauen Mond September,
die 1917 beim Küssen von Marie A.
unter einem Pflaumenbaum
überm Kopf des jungen Bert Brecht
durch den Ozean des Firmaments segelte
um im tiefen Himmelblau zu schwinden.

II.

1941 diente die kleine weiße Wolke
Margarete Steffin im türkisblauen Junimond
in einer Lungenheilanstalt des Moskauer Exils
als Linderungsdampf gegen die Tuberkulose
- Mitbringsel aus Kindertagen der Berliner Kellerwohnungen -,
vergeblich, versteht sich

und nach dem Tode des hageren,
einst lebenshungrigen klugen Mädchens
schwand sie schnell durch das offene Fenster in den Wind.

III.

und schließlich 1974
tauchte eben diese kleine weiße Wolke
im trüben Mond Januar
in der Psychiatrie der Berliner Charité
als Tränen der rastlosen Ruth Berlau auf.

Seitdem irren alle Regenwolken umher
und die Küsse schwanden schon längst im Wind.

GETEILTES LEID

Der Peiniger
teilt seine Peitsche
mit dem Gepeinigten

der Gepeinigte
gibt auch dem Peiniger
immer etwas zurück:

Würdelosigkeit.

PARADOXON II.
- WUNSCHVORSTELLUNG

Eigentlich soll die Liebe
die Schwester der Freiheit sein

manchmal ist sie leider
ihr Gefängniswärter.

FRIEDE II.

Wie weit ist das Ziel
wie lange wird es noch dauern

bis erneut die Friedenstauben
in den blauen Himmel flattern.

VON ALBTRÄUMEN GEPLAGT IV.

Ich träumte,
dass ich im Duden
nach den Worten
Liebe
Freiheit
Gleichheit
suchte

zu meinem Erschrecken
waren alle geschwärzt.

Das Wort Hoffnung
fehlte ganz.

VERÄNDERUNG

Es ist Frühling
die Sonne lacht
die Blumen leuchten
in ihrer Farbenpracht
die Vögel machen ihren Jahresputz

der Regenbogen schläft noch tief
im Innersten des Regentropfens.

Die Nachbarin steht im Garten
und putzt die Vogelvilla.

Die Spatzen schwatzen,
wie jedes Jahr
und streiten sich um die Besitznahme
der Vogelvilla im Garten.

IMPERATIV DER LIEBE

Die Liebe?

Tu das einfach!

die Liebe
ist doch ein Tuwort!

EINFACH KINDISCH VERSPIELT

Du und ich
ich und du:
Dumme Kuh.

DEINE HÄNDE

Gib mir
die Hand

deine Hände
liebe ich.

WAS IST DAS LEBEN WERT

Wieviel kostet die Welt
was ist das Leben wert

warum ist der Kuckuck so fett?

GRATWANDERUNG

Das Leben besteht
aus Hoffnung
und Verzweiflung

mal hell
mal dunkel.

FREIHEIT

Ein Wort für dich
ein Wort für mich

eine Welt für dich
Freiheit für mich.

UNNÜTZES WARTEN IM LEBEN

Wir warten zu oft
und zu lange
im Leben

die Liebe wartet nicht
im Leben.

EINES MORGENS

Eines Morgens,
als der erste Hahn
mit seiner inneren Uhr in der Kehle krähte
war der letzte Dorfbewohner im Begriff
die Dorfschenke zu verlassen.

EINES NACHTS

Eines Nachts
als die Silbermünze des hellen Mondes
am Himmel zu sehen war
machten sich alle Dorfbewohner daran,
schlafen zu gehen.

MORGENRÖTE

Eines Morgens
als im Dorf der Gockelhahn zur Stunde schlug
blutete der Hals des Morgens am Horizont.

LABYRINTH

Im Labyrinth der Gedanken
sich zu verlieren,

ohne sich den Weg zurück
gemerkt zu haben

meine Gedanken sind ständig bei dir.

SANDUHR DES LEBENS

Wie lang ist
ein Augenblick?

wie lang ist
eine Ewigkeit?

Wie bei einer Sanduhr
rieselt unser Leben
in rasender Geschwindigkeit durch unsere Hand.

MARIENKÄFER IM SATTEN GRÜN DES MAI

Erinnerst du dich noch,
wie wir im grünen Gras lagen

und nach einem vierblättrigen Kleeblatt suchten
und nach Marienkäfern mit sieben Punkten.

HOFFNUNGSGEDANKEN DER FREIHEIT TAG UND NACHT

Am Tage
gibt es mehr Hoffnung

in der Nacht
wo die Hoffnungslosigkeit
ihren schwarzen Schleier wie ein Netz ausspannt
gibt es wenig Platz
für die Hoffnungsgedanken der Freiheit.

UNGLEICHHEIT DER WELT

Opfer und Täter
sind nicht gleich

Folterer und Gefolterter
sind nicht gleich

die Grenze der Ungleichheit
verläuft haarscharf
zwischen Würde und Würdelosigkeit.

LIEBE IV.

Diese verdammten fünf einfachen
schlichten Lettern:
Lass mich nicht allein
In der Hoffnung
Eines Tages
Begegnen wir uns
Ewig bis zur Ewigkeit.

EIN WUNSCHTRAUM - FRIEDE AUF DER WELT

Die Menschen
reichen sich endlich die Hand

es ist Friede auf der Welt.
und die Rosen im Garten blühen früher als sonst.

ERKENNTNIS DER FARBEN III.
BLAUE BLUME DER LIEBE

Blau ist die Farbe der Sehnsucht nach Frieden
oder der Hoffnung drauf

blau ist der Himmel
blau ist der See
und auch das Meer

blau ist meine Hoffnung,
dass du bei unserer Begegnung
dein blaues Kleid trägst.

FRIEDE

Die Bienen
küssen die Lippen der Blumenblätter

und die Knospen der Pflanzen im Garten
träumen vom Erblühen.

HILFERUF

Ohne dich
wie schwer und einsam ist es
meinen Weg zu gehen.

GLÜCK IM UNGLÜCK

Du glücklich
ohne Liebe

ich unglücklich
mit der Liebe.

MUTTERSPRACHE

Meine Eltern
konnten nicht lesen und schreiben,
daher haben sie sich nie Liebesbriefe geschrieben.

Ihre gemeinsame Muttersprache
war die Liebe.

SONNENAUFGANG

Eines morgens
bevor der Hahn krähte

stand sie mit lächelndem Gesicht
an der Tür

in mir ging
die Sonne auf.

ABENDSTIMMUNG III.

Frau Sonne
ist im Begriff,
sich am Horizont für eine Nacht zu verabschieden

Herr Mond verspätet sich
wie eh und je.

SCHWARZMALEREI

Hell sind
die Tage

grau sind
die Tage

nur der Hoffnungslose
liegt gefesselt und allein auf dem Bett
und malt sich schon von vornherein
alles schwarz.

GEFANGEN IM LABYRINTH DER GEDANKEN

Im Labyrinth der Gedanken
taucht dein Bild verschwommen auf

doch ich kann leider
den ersehnten Ausgang nicht finden.

DREHTÜR

Seit es Drehtüren gibt
ist das Liebesglück
rarer geworden

da man sich
beim Kommen und Gehen
nicht die Augen sehen kann.

ANGEBER IN SACHEN LIEBE

Beethoven war taub
taub in der Musik

wir sind blind
blind in der Liebe
oder in der Kunst des Liebens

endlich begreifen wir
wie begabt wir sind.

FRIEDLICHE WELT

Du liebst mich
ich liebe dich

es ist Friede auf der Welt.

ERKENNTNIS DER FARBEN IV.
GRÜN IST DIE FARBE DER HOFFNUNG

Grün soll die Erde sein
wie deine und meine Hoffnung

der Garten soll wieder erwachen
in zartgrünen Farben
und sich widerspiegeln

in deinen blauen Augen
meine Hoffnung.

DIE WEIßE FRIEDENSTAUBE

Als Picasso die weiße Friedenstaube
auf dem himmelblauen Hintergrund malte
tobte der Krieg

seitdem hat die Friedenstaube
von lauter Kriegen
viele Federn lassen müssen

Picasso hat längst den Pinsel abgegeben
und kann nicht mehr eine neue Friedenstaube
für die Kinder malen.

GESTERN UND HEUTE

Gestern war für uns die Hoffnung
die weiße Friedenstaube
auf himmelblauem Hintergrund,
die bei einer großen Demo
als Fahne der Hoffnung wehte

heute ist für uns die Hoffnung,
der verblasste Aufkleber derselben
am Kofferraum eines alten
VW Polo, der noch immer in Berlin Prenzlauer Berg
abgestellt ist.

ENTFREMDUNG III.
SONNTAGNACHMITTAG

Wir sitzen im Straßencafé
einander gegenüber
wie an jedem Sonntag

wir schweigen
im Lärm der Stadt

bis eine Beklemmung
- wie sonntags immer -
in uns hochsteigt.

HERBSTLICHER SONNENUNTERGANG

Grashalme wie Bäume
im Licht des Herbstes

lodern im Feuer der Farben.

TAGEBUCH DES REGENS X.

Ich wünschte
ich könnte weiterreisen
mit der schwangeren weißen Wolke,

die wie ein Segelschiff
durch den türkisblauen Himmel
zum Horizont eilt

um schließlich
in deinen tränenfeuchten Augen zu landen
und dir nur als Lachtränen zu dienen.

□□□

Ende der Reise - Liebe und Verantwortung

Fürchte von jedem Regentropfen
Daß er mich erschlagen könnte.
- Bertolt Brecht

In der deutschen Lyrik gibt es zahlreiche Beispiele für das Motiv Regen. Von Friedrich Rückert über Rainer Maria Rilke bis hin zu Rose Ausländer haben sich deutsche Dichter in ihren Werken der Metapher des Regens bedient. Ein solches Gedicht stammt auch von Bertolt Brecht, einem der größten Dichter des zwanzigsten Jahrhunderts im deutschen Sprachraum, das in meinen Augen eines der eindringlichsten und schönsten Liebesgedichte überhaupt ist. Deshalb habe ich einen Vers daraus dem Nachwort vorangestellt. Die raffinierte Herangehensweise des Sprachmeisters Brecht zeigt sich auch darin, dass er in seinem kurzen Gedicht mittels Paradoxie eine zärtliche Steigerung erreicht und den zarten Regentropfen als Bedrohung darstellt, der den geliebten Menschen erschlagen könnte.

Hier das ganze Gedicht:

Morgens und abends zu lesen

Der, den ich liebe
Hat mir gesagt
Daß er mich braucht.

Darum
Gebe ich auf mich acht
Sehe auf meinen Weg und
Fürchte von jedem Regentropfen
Daß er mich erschlagen könnte.

***

Das Gedicht mit seiner einfachen und zugänglichen Sprache besteht aus nur zwei Strophen ohne Reimschema und Versmaß und wurde im August 1937 im Exil geschrieben. Das Gedicht stellt ein Selbstgespräch einer weiblichen Person dar.

In diesem Gedicht thematisiert Bertolt Brecht zwei der wichtigsten Aspekte der Liebe, nämlich Achtsamkeit und Verantwortung. Achtsam sein für sich selbst als *Ich*, und Verantwortung tragen für sich und die Person, die man liebt, als *wir* im Sinne der Liebenden. Obwohl diese beiden Aspekte im Gedicht nicht explizit angesprochen werden, bilden sie wie eine Richtschnur doch die Aussage und Essenz des Gedichts. Liebe heißt ja, mit anderen Worten, Verantwortung zu übernehmen.

Das Gedicht aus der Feder von Brecht ist einer weiblichen Person in den Mund gelegt und ist als ein Versprechen zu verstehen, das man einer Person abnimmt nach dem Motto:

Versprich, dass du auf dich achtgibst! Versprich es!

Da der Dichter sich seiner Sache nicht sicher ist - wie die Zeit ja nach 1933 für die Verfolgten und Exilanten nicht sicher sein konnte -, gibt er dem Gedicht wohlbedacht und sicherlich nicht ohne Grund den bemerkenswerten Titel: Morgens und abends zu lesen.

Es soll nämlich ein Gebet sein, eine Art Mantra für die Weltreligion der Liebe, wo jeder Mensch seinen würdigen Platz erhält. Die Person soll dies auch ja nicht vergessen und es sich morgens und abends jedes Mal durch Wiederholung ins Bewusstsein rufen. So kann es zu einem quasireligiösen Ritual werden, an das sie sich gewöhnt und ja nicht vergisst, dass sie gebraucht und gleichzeitig wertgeschätzt wird.

Die überlieferten Fakten der Entstehung dieses Liebesgedichts bestätigen diese Annahme: Im Jahre 1937 war der Spanische Bürgerkrieg in vollem Gange und der Faschismus im Begriff, sich in Europa auszubreiten. Und die Frau? Die weibliche Person war die rastlose dänische Antifaschistin, Widerstandskämpferin und Kommunistin Ruth Berlau (1906 -1974), die sich die Unterstützung von Exilanten, darunter Brecht und seiner Familie, im dänischen Exil als ihre Pflicht auf ihre Fahne geschrieben hatte. Und sie war in ihrer Unterstützung so selbstlos, dass sie nicht auf sich achtgab, weil sie immer für andere Verantwortung übernommen und sich und ihre eigenen Bedürfnisse hintangestellt hat.

Ruth Berlau hielt sich darüber hinaus zu diesem Zeitpunkt (Sommer 1937) auch in Spanien auf, wo sie sich im Auftrag der internationalen Brigaden an die Seite derer stellte, die die Republik gegenüber dem Faschismus verteidigen wollten. Sie war sogar bereit, für die gerechte Sache im Spanischen Bürgerkrieg ihr Leben zu opfern.

Der Dichterprophet hat sein Gedicht als Gebet verpackt und ihr quasi auf den Weg in den Spanischen Bürgerkrieg mitgegeben, wo vom Himmel anstatt Regen Bomben fielen.

Dieses so unscheinbare Selbstgespräch hat eine unfassbare Tiefe und ist so zart, wie nur zwei Liebende zueinander sein können. Das Gedicht spricht tiefgründig allen Liebenden aus der Seele. Diesem Gedicht als Liebesgedicht ist nichts hinzufügen. Es ist alles gesagt zur Achtsamkeit und Verantwortung des liebenden Menschen.

***

Liebe hat mit Verantwortung zu tun und ist eng mit dieser verbunden. Wenn das Gedicht eine Botschaft hat, ist sie genau das, was Brecht aus der Perspektive der Frau, die geliebt wird, zu sagen versucht. Oft ist es so im Leben, dass wir nicht auf uns achtgeben. Wir gehen gedankenlos durch das Leben, das wir Alltag nennen, und geben weder auf uns noch auf die anderen acht. Der Appell des Dichters ist: Wer geliebt wird, wird wertgeschätzt und hat genau deshalb auch eine Verantwortung, nicht nur für sich, sondern auch gegenüber dem, der liebt.

Hier sehe ich die Verantwortung der Literatur und meine damit engagierte Literatur, die nicht nur unterhält und unsere Zeit - das Wertvollste, das wir haben - nicht vergeudet, sondern zum Nachdenken und Handeln anregt.

Es gibt in der deutschen Literatur des zwanzigsten Jahrhunderts keinen anderen Literaten, dessen Aussagen

- darunter auch viele Verse aus Gedichten - zu Weisheiten, ja auch zu Sprichwörtern geworden sind, als Bertolt Brecht. Hier könnten etliche Beispiele angeführt werden, aber ich verzichte darauf, da sich der Leser diese aus dem Gedächtnis abrufen kann. Aber bedauerlicherweise ist es so, dass in den letzten Jahren, wie so oft, sobald der Name Brecht fällt, die kommerzielle Literaturkritik zu Schlagzeilen wie „Brecht und seine Frauen etc." greift und sich voyeuristisch daran aufgeilt.

***

Bertolt Brecht hat sein Leben lang versucht, durch Schreiben - sowohl für das Theater als auch in seinen Gedichten - Stellung zu beziehen und die Menschen zur Verantwortung aufzufordern. Denken wir an seine Aussage: ‚Ändere die Welt, sie braucht es', die auch die letzte Zeile eines seiner Gedichte ist. Er sagte selbst: „Wie soll Kunst die Menschen bewegen, wenn sie selber nicht von den Schicksalen der Menschen bewegt wird?"

Was in meinen Augen in der langen Tradition der deutschen Lyrik neu ist, ist die Tatsache, dass sich ein zartes Liebesgedicht wie ‚Morgens und abends zu lesen' nicht mit Floskeln und schönen Beschreibungen der Landschaft oder der Natur begnügt, sondern stattdessen einfach und schlicht die Gefahren im Leben anspricht. Und damit sind wir mitten im Schrecken des 20. Jahrhunderts. Dieses zarte Liebesgedicht kann nur im Kontext der Zeit von 1933 bis 1945 richtig verstanden werden, als Liebe in der Zeit des Schreckens des 20. Jahrhunderts.

Brechts Werk ist eine Schatzkiste, oder, wie Goethe sagen würde, ein Steinbruch, wo man die besten Steine holen kann. Vielleicht oder sicherlich sind es Gedichte wie diese, die mich dazu bewogen und bestärkt haben, in diesem Band in einigen Gedichten der Reise des Regens nachzuspüren.

Mojtaba Kolivand

Berlin, 27. April 2025